GENERACIÓN

J. R. NÚÑEZ

GENERACIÓN

Copyright © 2024 por Javier Ruiz Núñez

Todos los derechos reservados.

First Publishing in Great Britain, 2024

ISBN: 9798335179447

*"Y en tu boca he puesto mis palabras,
y con la sombra de mi mano te cubrí,
para que plantase los cielos y fundase la tierra,
y que dijese a Sión, pueblo mío eres tu"*

Isaías II, 51, 16

GENERACIÓN
J. R. NÚÑEZ

ÍNDICE

LIBRO PRIMERO   13

LIBRO SEGUNDO   49

LIBRO TERCERO   77

LIBRO CUARTO   105

LIBRO QUINTO   133

LIBRO PRIMERO

GENERACIÓN

I

En el principio de los tiempos,
yo extendí mi Espíritu en las aguas,
en los anchos del océano,
puse allí mi fundamento,
y coloqué mis orbes y estrellas.

Allí establecí mis dominios,
allí planté mis estelas,
allí puse el ser de mi alma,
mi fuerza divina y eterna.

Mi poder que todo lo mueve,
mi poder que todo lo abarca,
mi bondad que todo lo llena.

Yo Soy el Dios del universo,
origen de todo lo creado,
la verdad del firmamento,
gobierno del infinito,
el Todo, el Uno, el Eterno.

Yo saqué de Ur a Abraham,
la patria de sus ancestros,
para abrir camino en el desierto,
y hacer sendero en el mar.

Alza la mirada y contempla,
la anchura elevada del cielo,
así será tu descendencia,

LIBRO PRIMERO

25 haré de ti generación nueva,
grande como las estrellas del cielo.

Y lució la luz de su alma,
y vio Dios que su luz era buena,
y salió a la luz de la vida,
30 y dejó la oscura tiniebla.

Yo Soy tu Dios,
quien te sacó de Ur de los caldeos,
y te llevó a la tierra nueva,
que te prometí en herencia.

35 Busca las lomas altas,
busca los valles recogidos,
en los apartados caminos,
en los lugares escondidos.

Es este tiempo de escucha,
40 de silencio y recogimiento,
hallarás aquí tu refugio,
en la escucha de mi silencio.

Eso es lo que yo te ofrezco,
la paz y el sosiego,
45 del descanso en mi desierto.

Y conocerás un gozo nuevo,
el gozo del Espíritu al que te llevo,
proviene del silencio quieto,
la quietud de mi silencio quieto.

GENERACIÓN

II

Ven y entra conmigo,
en las aguas de mi quietud,
ven y entra conmigo,
en la tierra de mi solitud.

Ven a mi descanso sereno,
ven a mi desierto tranquilo,
ven a la paz de mi camino,
Yo Soy quien habla contigo.

Yo te hablo en el sosiego,
te consuelo en el silencio,
Yo te enseño a ser de nuevo,
en la paz de mi desierto.

Yo Soy quien a ti te llama,
Yo Soy quien a ti te invita,
Yo Soy quien quiere que le sigas,
quien quiere servirte de guía.

El Hacedor del universo,
quiere que halles su rostro,
quiere reposar contigo,
y que mores en su reposo.

El Creador del cosmos,
quiere llevarte a su gozo,
con la sombra de su mano,
en la paz de su reposo.

LIBRO PRIMERO

    Yo Soy es quien te habla,
75 ese es mi nombre, Yahvé,
    ser que habita en tu alma,
    para ser regazo en mi Ser.

    Yo Soy es quien te envía,
    a salir de la tierra antigua,
80 donde vivías dormida,
    para hacer sustancia mía.

    Mira a oriente y occidente,
    contempla tu ancho horizonte,
    la extensión del gran océano,
85 sus abismos extendidos,
    todo lo que divisas es mío.

    Es mía la tierra entera,
    los gobiernos, las naciones,
    las islas lejanas y pueblos,
90 sus márgenes y fronteras.

    Entrad conmigo al desierto,
    a la soledad que Yo os doy,
    Yo Soy va con vosotros,
    Yo os abro a la luz de Dios.

95 Dejad que mi luz descienda,
    que irradie de luz mi senda,
    que abra la luz lo oscuro,
    y que separe la luz la tiniebla.

GENERACIÓN

III

    Y vio Moisés en el Horeb,
100   una zarza que prendía,
    vio que la llama ardía,
    y la zarza no se consumía.

    Y dijo Dios,
    Yo Soy el Dios de tus padres,
105   de Abraham, Isaac y Jacob,
    así habréis de llamarme,
    de generación, en generación.

    Mira, ahí tienes la tierra,
    la tierra de la promesa,
110   la que anuncié a tus ancestros,
    en los valles de Canaán,
    tras las aguas del Jordán.

    Allí fue donde envié a Abraham,
    ve allí que Yo te la entrego,
115   toma posesión de ella,
    es tu Dios quien a ti te envía,
    es tu Dios quien a ti te enseña,
    para ser generación de mi Luz,
    para ser generación de mi Ser,
120   para ser generación de mi Bien,
    en la tierra que te daré.

LIBRO PRIMERO

IV

Y partieron los Israelitas,
desde Succoth hasta Etham,
y a las afueras del desierto,
125 plantaron su campamento.

Y entraron en el Mar Rojo,
y las aguas se dividieron,
el océano se tornó en seco,
con la fuerza de su aliento.

130 Partió el océano de un lado a otro,
separó las aguas con viento recio,
y los Israelitas cruzaron,
al desierto de la soledad.

Tras ellos el océano se cerró,
135 y anegó a sus oponentes,
la caballería del faraón,
su ejército, sus carros y gentes.

Y hallaron en el desierto,
horizontes de claridad,
140 los llanos de la quietud,
los claros de su libertad.

Porque llanas son tus sendas,
los caminos de tu cielo,
sin aristas, ni hendiduras,
145 sin recodos, ni requiebros.

GENERACIÓN

V

Venid a mí y escuchad,
atendedme y contemplad,
salid de la oscura tiniebla,
de la inquieta oscuridad.

150 Déjame ser tu guía,
déjame mostrar mi senda,
Yo te llevo a la tierra buena,
en la calma de mi bondad.

Levanta la mirada al cielo,
155 contempla el firmamento estrellado,
aprendes la verdad de lo que existe,
lo que somos, lo que fuimos y seremos.

En la noche del silencio,
abres el alma a lo íntimo,
160 miras en la infinidad del cosmos,
la belleza del infinito.

En los parajes recogidos,
en los rincones escondidos,
el principio y fin de todo,
165 es y está con nosotros.

Él es la bondad infinita,
Él es el amor invisible,
Él es la luz intangible,
pura, eterna, inextinguible.

170　　Todo en Él es vida íntima,
　　　todo esencia de vida,
　　　de Él nace toda existencia,
　　　plena existencia viva.

　　　Quien quiera venir a mí,
175　　que venga a mí y me siga,
　　　que venga a la vida íntima,
　　　vida eterna e infinita.

VI

　　　Y el Hacedor del universo,
　　　caminaba a su lado en el desierto,
180　　de día, en su nube, para guiarlos,
　　　de noche, en su fuego, para alumbrarlos.

　　　Y a medida que avanzaban,
　　　estrechaban más los lazos,
　　　y el pueblo pidió de comer,
185　　y les dio su pan del cielo.

　　　Y en aquel lugar despoblado,
　　　vivieron del maná muchos años,
　　　y su Dios descansaba junto a ellos,
　　　en la tierra que mana su descanso.

190　　Será Espíritu del cielo,
　　　será luz, será fuerza,
　　　será vida que regenera,

GENERACIÓN

será vida de mi aliento,
será alimento y sustento.

195 Todo lo llena y enriquece,
a todo da vida y reverdece,
es Pan de vida, es sed de cielo,
agua que da alivio en el desierto.

VII

Y el arca de la alianza,
200 iba siempre junto a ellos,
álzate, Yahvé,
ven y guía a tu pueblo.

Se alejaron por etapas,
instalaron campamento,
205 y allí el pueblo sediento,
pidió agua para beber.

Y Moisés empuñó la vara,
y delante del pueblo entero,
golpeó la peña, y brotaron las aguas,
210 y el pueblo calmó su sed.

VIII

Beberás de mi torrente,
de mi agua beberás,
beberás de mi abrevadero,

de mis cielos beberás.

215 De las altas cimas beberás,
de las moradas altas de mi reino,
desde allí descenderá mi Verbo,
de mi Verbo beberás.

Es agua que de mi corriente baja,
220 es agua de mi existir,
es agua que del cielo mana,
es agua de mi elixir.

Viene del cielo y bebe,
el aroma de mi vivir,
225 Verbo que todo contiene,
y a todo da su raíz.

IX

Yo Soy el que soy, el que es,
el Uno, el Eterno, para siempre,
el ser de todas las cosas,
230 el ser de todo lo existente.

Yo Soy el Hacedor,
creador de los cielos,
hasta del último cielo,
y de la tierra y cuanto hay en ella,
235 del agua, del fuego, del aire y el suelo,
de todo lo que existe y habita,

GENERACIÓN

de todo lo que vive y respira.

Alza los ojos y contempla,
la expansión del firmamento,
240   la extensión de las estrellas,
y escucha en silencio mi voz.

Y allí se desvela,
una nueva dimensión,
las aguas del mundo se aquietan,
245   el fragor del océano se apaga,
brilla el alma en su serenidad.

Y allí se revela una dulce realidad,
en la noche del cosmos su susurro,
en la noche del silencio su sigilo,
250   el dulce sentido escondido,
del ser del todo y pacífico,
el amor pleno del universo,
en lo íntimo y recogido.

Todo está allí lleno,
255   de un gran orden y armonía,
escucha, mira, contempla,
admira el cielo y su belleza,
el ser de tu existencia.

Brilla la luz de la creación,
260   brilla el alma con los astros,
brilla la belleza del Hacedor.

LIBRO PRIMERO

X

    Y Moisés levantó una tienda,
a las afueras del campamento,
tabernáculo de encuentro,
265   morada y templo de Dios.

    Y cuando estaba en la tienda,
la columna de nube bajaba,
y en la entrada se quedaba,
para hacer reposo en su alma.

270   Es nube de luz que guía,
es nube de luz que enseña,
es nube que el alma llena,
con la luz de su existencia.

XI

    Levanta una tienda en tu alma,
275   silenciosa y solitaria,
sé dócil a mi palabra,
silencio que en ti habita.

    Apaga las luces del mundo,
deja hablar a lo profundo,
280   el Espíritu sorprende,
con su dimensión infinita.

    Es la voz del firmamento,

GENERACIÓN

    fundamento de lo creado,
    es la esencia de cuanto habita,
285 origen de todo existir.

    Deja que tu Dios entre,
    en el rincón de tus adentros,
    que baje a tus ocultos secretos,
    y te lleve a sus oasis desiertos.

290 Deja que modele tu vida,
    del modo que Él la conciba,
    Dios quiere reinar en tu vida,
    llenarla de amor lleno y pleno.

    El Hacedor de lo eterno,
295 quiere crearte de nuevo,
    en la intimidad de tu adentro,
    renuevo de su generación.

    Yo quiero habitar contigo,
    llevarte a lugar sereno,
300 a mis desiertos recogidos,
    a mis limpios y claros cielos.

    Yo quiero crearte de nuevo,
    ser la luz de tus adentros,
    separar en ti lo oscuro,
305 y que luzca en ti un ser nuevo.

    Dios tiene en la tierra morada,
    y esa es el alma humana.

Dios gusta un alma sencilla,
hermosa como ninguna,
310 limpia, pacífica, pura,
como la aurora del día.

Como mañana temprana,
deleitosa y sosegada,
como morada secreta,
315 que goza de su mirada.

Tu debilidad es su fuerza,
tu pobreza, su entereza,
deja que tu Dios te modele,
que te haga su descendiente,
320 que crezca en ti su simiente.

XII

Venid y reposad conmigo,
en las fuentes de mi luz,
venid y reposad conmigo,
en los campos de mi quietud.

325 Mi corazón es sosegado,
mi abrazo es manso y tranquilo,
Yo alivio tu desconsuelo,
y tu desazón apaciguo.

Yo revelo la verdad de tu corazón,
330 conozco su sentido,

GENERACIÓN

su más secreta emoción.

Mi camino es tu camino,
mi sendero, tu sendero,
no te turbes, no te inquietes,
335　no anheles lo que no quieres.

¿No ves las altas montañas,
los altos claros alados,
los blancos y puros cielos,
de mis reinos elevados?

340　¿No admiras mi Bien Supremo,
por encima de las alturas,
sublimes de todos los mundos,
y posibles universos?

Desde mi altura infinita,
345　Yo gobierno todo el orbe,
en lo escondido y secreto,
del cosmos y el universo.

Ésta es tu tierra nueva,
la tierra que yo te ofrezco,
350　ésta es la luz verdadera,
la tierra de tus ancestros.

Y en las lunas de mis lunas,
en las noches de mis noches,
plantarás tu tienda y morada,
355　y verás mi luz secreta.

XIII

Es el amor que te envuelve,
con su gran manto de plata,
su manto estrellado del cielo,
su ser pacífico y pleno.

360　Es el amor del universo,
amor que reposa a tu lado,
es la luz de lo creado,
un amor sereno y manso.

Él desea consolarte,
365　restablecer tu herida, sanarte,
tú has querido buscarle,
y has salido a encontrarle.

Ve a encontrarte con el Ser,
busca la presencia de Él,
370　en el silencio te espera,
la luz del Ser de cuanto es.

XIV

En aquel camino extenso,
en aquella solitaria estepa,
Moisés habla con su guía,
375　busca en Dios su orientación.

Pide que su palabra descienda,

GENERACIÓN

que se muestre su presencia,
que él sepa que Dios le lleva,
que le guía y que le enseña.

380 Y descendió su presencia,
bajó la gracia en su alma,
y su alma quedó sembrada,
de palabra verdadera.

Y el Padre del universo,
385 que hizo la tierra y el cielo,
y dio orden a todo lo creado,
cubrió a Moisés con su mano,
en la hendidura de la peña.

El Creador le cubrió con su mano,
390 y labró su doctrina en piedra,
y esa fue la manera,
en que Dios enseñó a Moisés.

Moisés pasó en el Horeb,
cuarenta días con sus noches,
395 y allí fue donde escribió,
sus tablas de la enseñanza,
los Diez Mandamientos.

Y las losas estaban escritas
por ambos lados,
400 y eran hechura de la mano de Dios,
y eran escritura de Dios.

XV

    Yo Soy Uno, tu Señor,
gobernador de todo el orbe,
lo terrestre y lo celeste,
405 quien plantó la tierra en los mares,
y abarca todo lo circundante,
el grande, eterno, inmortal,
Hacedor de todo lo creado.

    Estás hecho de mi cielo,
410 mi ser es tu fundamento,
entra en el desierto mío,
de mi soledad sencillo,
de los muchos horizontes,
de los altos de mis cielos.

415   Este es el reino antiguo,
de tu Hacedor soberano,
principio y fin de todo,
gobernador de lo creado.

    Y en las noches solitarias,
420 de las apartadas estepas,
la nube bajaba y descendía,
de las cimas de sus crestas,
y todo lo que Moisés oía,
era la dicha de la Sabiduría,
425 que bajaba y le envolvía.

GENERACIÓN

XVI

Ya eres tú mi pueblo,
que habitas en lo apartado,
alejado de las naciones,
fuera del éxito y el triunfo.

430 Vives lejos del tumulto,
ni el ruido de las ciudades,
ni el júbilo de las conversaciones,
son propias del mundo tuyo.

Eres fruto de mi palabra,
435 en el silencio de tu noche,
eres fruto de mi Verbo,
aliento de mi horizonte.

Ajeno a los ojos del mundo,
invisible a su vano murmullo,
440 vives en tu rincón oculto,
tu reino no es de este mundo.

Ya eres montaña alta,
ya horizonte elevado,
el cielo ancho es ya tu hogar,
445 la duna extensa, el silencio claro.

Ya vives unida a la dicha,
de la nueva savia nueva,
nada hay que te perturbe,
solo tu alma íntima.

450   Ya oyes el ritmo del cosmos,
el Uno y el Eterno,
Espíritu alado, invisible,
el bien amado, intangible.

Mi palabra te recrea,
455   te modela y te transforma,
la vida adquiere sentido,
se completa y dignifica.

Sigue el camino adelante,
sigue mi ruta y sendero,
460   libre de ilusiones y anhelos,
sigue con la vista al cielo.

Sigue claro del día,
ven a la luz de mi vida,
sigue providencia mía,
465   dicha del ser verdadero.

XVII

Reposa en todo lo creado,
reposa en el bien de la creación,
admira su belleza,
alaba su magnificencia,
470   lo celeste, lo terrestre,
el cosmos y su universo,
los cielos y su expansión.

GENERACIÓN

El orden del firmamento,
los astros y estrellas,
475 los ciclos y las mareas,
las dos grandes lumbreras.

Descansa y reposa,
en el gozo de la creación,
admira su maravilla,
480 disfruta en su deleitación.

Admira y contempla,
la belleza de todas las cosas,
en todas ellas reposa,
su majestad y presencia.

485 Admira y contempla,
el bullir de los vivientes,
los pastos de hierba verde,
las aves aladas y especies.

Alaba y admira,
490 el bien de la creación,
exalta su misterio,
medita su contemplación.

Toda la creación entera,
su grandeza y esplendor,
495 es obra y es reflejo,
de la bondad del Hacedor,
y ha de ser contemplada,

con humilde admiración.

Y has hallado y desvelado,
500 la verdad de vida nueva,
la nueva generación,
que de Él viene y a Él llega.

Él es la Sabiduría,
que en ti está y estará,
505 para siempre, hasta la eternidad.

Y allí harás pacto y alianza,
en lo íntimo de tu alma,
renovada y transformada,
por la sola acción de Dios.

510 Ya reverdecen los campos,
ya retoñan brotes nuevos,
ya florecen tus caminos,
y clarean tus senderos.

XVIII

Ven y conmigo reposa,
515 en los prados de mi verdor,
ven y conmigo descansa,
en los valles de mi esplendor,
ven a mi puerta y entra,
ven a escuchar mi voz.

520 Yo Soy el Ser de la vida,

GENERACIÓN

Yo Soy el Ser en la tierra,
y esta es la puerta de la vida,
y quien escucha su voz y entra,
llega a mi ser y encuentra,
525   el Ser de la vida plena.

Entra y reposa en mi Ser,
haz allí morada en Él,
ven y descansa en mi Bien.

XIX

Y dijo Dios a Noé,
530   harás un arca de madera,
y pondrás aposentos en ella,
y tú y tu familia entrarás,
y según lo dijo, así lo hizo,
ajustándose al modelo presentado.

535   Y de todo lo que habita en la tierra,
de todo lo que vive y respira,
llevó dos parejas de vivientes,
cada una según su especie.

Y durante los días y noches,
540   que el diluvio llegó a la tierra,
pereció todo lo que vive y respira,
y sobre el suelo se yergue.

Cuarenta días y cuarenta noches,

duró el diluvio en la tierra,
545 y sólo Noé y los que estaban con él,
sobrevivieron al diluvio.

La lluvia azotó lo creado,
pero Noé permaneció confiado,
en todo cumplió su mandato,
550 y estuvo Dios a su lado.

Y en aquel arca de madera,
viajaba el Dios de la alianza,
la vida de toda la tierra,
en el arca navegaba.

555 Dios navegaba con ella,
con el aliento de su cielo,
y la llevó hasta tierra firme,
del océano la sacó.

Salió el arca de las profundidades,
560 del abismo la sacó.
con el Espíritu de su viento,
del abismo la salvó.

Yo haré un pacto con vosotros,
llenad la tierra de mis pastos,
565 llenadla de bosques verdes,
llenad la tierra de vivientes.

Creced y multiplicaos,
henchid la tierra y el cielo,

GENERACIÓN

colmad la tierra de amor
570 a imagen de la creación.

Y puso su arco en el cielo,
para recordar el suceso,
el arco con el que el mundo entero,
del diluvio se salvó.

575 Noé dejó la tierra del diluvio,
y entró en la tierra del arco,
en su éxodo navegando.

XX

Y dijo Dios a Moisés,
harás un arca de madera de acacia,
580 y la revestirás de oro por dentro y fuera,
y allí mi alianza guardarás.

Y según lo dijo, así lo hizo,
ajustándose al modelo presentado,
y fueron muchos los días empleados,
585 para construir todo lo acordado.

Y en aquel arca de acacia,
guardó las tablas de la alianza,
y en ella estaba la enseñanza,
que Yahvé le había mandado.

590 Haré un pacto con vosotros,
y toda generación viviente,

creced y multiplicaos,
llenad la tierra de mi simiente.

595 Haré allí creación nueva,
y de nuevo vendrá a mi ser,
será el ser de vida nueva,
lo que viva y haga crecer.

Creced y fructificad,
con el alma de mi ser,
600 ese es mi pacto con vosotros,
creced en el ser de Dios.

XXI

Disfrutad de la obra y su Creador,
a imagen y semejanza la creó,
la más bella de todas las cosas,
605 la belleza del Hacedor.

Disfrutar del amor creado,
hijos sois del Hacedor,
a imagen y semblanza del amor,
hizo el Amor a su amado.

610 Quien lo ha creado todo,
con el soplo del amor,
ordenó a todo su mandato,
llenadlo todo de amor.

Porque la creación entera,

GENERACIÓN

615 las lumbreras del cielo y estrellas,
 los prados con su hierba verde,
 los árboles y sus especies,
 los frutos y sus variedades,
 las aguas y sus vivientes,
620 las aves aladas del aire,
 y los reptiles terrestres,
 toda la creación entera,
 fue un acto de amor paciente,
 del Dios de la creación.

625 Pues es una la unidad fraterna,
 que alienta a todos los seres,
 una misma procedencia paterna,
 materia de un solo Hacedor,
 el amor con que se nos generó,
630 en su primera creación.

 Porque es bueno lo creado,
 es un mandato de amor,
 que todo germine y extienda,
 con la semilla de amor.

635 Y que todo lo existente,
 todo lo que vive y perece,
 los cielos y la tierra entera,
 el agua y sus vivientes,
 sean luz resplandeciente,
640 de la belleza de Dios.

Entraste firme en sus aguas,
en tu alma descansó,
el gozo de tu ser nuevo,
de gozo te recreó.

645 Asciende a mis valles verdes,
asciende a mis cumbres altas,
asciende a las altas estepas,
de mis cimas elevadas.

XXII

Ven hasta mí y descansa,
650 en mis prados solitarios,
ven y reposa tu alma,
en mis pastos centenarios.

Yo haré alianza de generaciones,
una gran descendencia crearé,
655 un pueblo saldrá de tus entrañas,
Yo seré un padre para él,
y esa será mi alianza,
yo engendraré mi enseñanza,
y esa será mi generación.

660 Y habitó Abraham en Canaán,
y fue fructífera su herencia,
y siguió los caminos y sendas,
que Yahvé le había enseñado.

GENERACIÓN

XXIII

Viajó Israel por el desierto,
665 acompañado de su nube,
viajó por arenas y estepas,
guiado de noche en su fuego.

En presencia de su dueño,
recorrió nuevos senderos,
670 caminó por las honduras,
por desiertos y valles estrechos.

Dios estaba con ellos,
en las aguas del Jordán,
Dios estaba en su alma,
675 en las aguas separadas y quietas.

Mirad el Señor de toda la tierra,
el arca de vuestra alianza,
es quien va con vosotros,
es quien os guía y enseña.

680 Mirad el Dueño de toda la tierra,
desde la cima del cielo,
contemplad la luz de su estrella,
en las aguas partidas y quietas.

Y el pueblo entró derecho,
685 y las aguas se dividieron,
hasta que todos entraron,
a la tierra de su heredad.

Tú los guías y enseñas,
en lo inmenso de tu estrella,
690 en las aguas partidas y quietas,
del Señor de toda la tierra.

La tierra de vuestros padres,
de los antepasados primeros,
entrad y habitad en ella,
695 la tierra de vuestros ancestros.

La tierra que enseñé a Noé,
la tierra que entregué a Abraham,
la que Yo le mostré a Moisés,
la tierra de mi heredad.

700 Abrid los ojos y ved,
venid, entrad,
abrid el alma a la tierra,
abrid a la luz de la verdad.

XXIV

Subió Moisés al Horeb,
705 a las afueras del campamento,
lejos de las tiendas del desierto,
y la luz todo lo iluminaba,
el cielo entero resplandecía,
un fulgor que irradiaba,
710 limpio, transparente y claro,

GENERACIÓN

claridad del alto cielo.

Blanco como luz del día,
azul como el cielo limpio,
límpido y transparente,
715 como manto de zafiro,
brillante como azul sereno,
fulgor del cielo eterno.

Y cuando Moisés descendía,
había resplandor en su cara,
720 estaba el rostro radiante,
en el semblante de Moisés.

Como la luz del Padre,
luz de Espíritu íntimo,
como la luz del cielo,
725 eterna del firmamento.

XXV

Moisés fue sacado del agua,
junto al carrizal del Nilo,
en una arquilla de juncos,
calafateada con pez y betún.

730 La hija del faraón
vio que el niño lloraba,
y en la arquilla lo llevó,
a mujer que lo cuidara.

LIBRO PRIMERO

    Y le puso de nombre Moisés,
735 el que de las aguas se sacó,
para llevar a su pueblo al desierto,
y hacer allí su generación.

    Poneos en camino,
dirigíos a las montañas,
740 y a las poblaciones vecinas,
a el Arabá, al Neguev y la costa.

    Todo el territorio de Canaán,
desde el Rio de Egipto,
hasta el Río Grande,
745 ven, marcha a la tierra,
que Dios te ha de entregar.

    Poned mis mandatos por obra,
haced todo lo que os he dicho,
mostrad vuestra inteligencia,
750 a todos los pueblos vecinos.

    Mirad el Dueño de toda la tierra,
desde la cima del cielo,
contemplad la luz de su estrella,
alabad la obra que ha hecho.

755   Y no olvidéis lo que habéis visto,
guardarlo con diligencia,
y contarlo a vuestros hijos,
pues sois fruto de mi creación.

GENERACIÓN

XXVI

    Yo Soy tu Dios, Yahvé,
quien te llevé hasta mi desierto,
quien alzó tus ojos al cielo,
y te mostró el universo inmenso,
el orden y disposición de todo,
el cosmos y el firmamento,
la dimensión de mi infinito,
el origen de todo principio,
el comienzo de todo sentido,
la verdad de todo camino,
la hondura de mi ser íntimo,
que es uno, todo y pacífico,
el amor de mi destino.

    Quien te mostró el Espíritu de mi ser,
quien te enseñó la bondad de mi bien,
quien te guió a las crestas de mis cielos,
a los altos paraísos eternos,
a las cimas de mis prados verdes,
a las alturas de mis fuentes celestes.

XXVII

    Y subió Moisés al monte Nebo,
en los llanos de Moab,
cumbre del Pisga junto a Jericó.

LIBRO PRIMERO

Y Yahvé le mostró a Moisés,
toda la vega de Jericó,
y la tierra de Judá hasta el mar,
y la ciudad de palmeras hasta Soar.

785   Esta es la tierra que prometí,
a Abraham, a Isaac, a Jacob,
y la que a tu descendencia le juré,
que le daría en heredad.

    Venid a mi contemplad,
790   lo que Yo os habré de mostrar,
mi ser eterno, inextinguible,
aprended y contemplad.

    Aprended de mi sabiduría,
la cima del Bien infinito,
795   buscad mi conocimiento antiguo,
venid a mi y escuchad.

    Aprended y contemplad,
en la cima del gran universo,
la verdad de mi secreto,
800   mi ser estable, imperecedero.

    Mirad y contemplad,
el reino de la sabiduría,
el ser de todas las cosas,
Yo Soy es quien te enseña y te guía.

LIBRO SEGUNDO

GENERACIÓN

I

¿No ves el azul celeste,
los anchos y claros cielos,
los arroyos y los prados,
de los campos de mis fuentes?

¿No ves en lo alto mi estrella,
los eternos infinitos,
del cosmos y el universo,
al Señor del firmamento?

¿No ves mi gran maravilla,
mi perfección infinita,
no te exalta la belleza,
la hermosura de mi dicha?

¿No te anima la dulzura,
de vivir en mi existencia,
de gozar de la excelencia,
de un amor que todo lo llena?

Busca en mi bien tu sentido,
en tu cielo, el infinito,
busca en mi ser tu latido,
mi presencia desde antiguo.

Mi reino el gran universo,
modelo de las constelaciones,
miles de años eternos,
son los tiempos de mi luz.

LIBRO SEGUNDO

25 En todo estoy para siempre,
    en todo luz de lo eterno,
    busca el bien de mi consuelo,
    hondura del alma tierna.

    En los claros de mis cielos,
30 en los altos de mis montes,
    en mis pastos y praderas,
    la luz de mis horizontes.

II

    Dios es uno y solo uno,
    tu Dios, el Señor, Yahvé,
35 quien te guía y te enseña,
    quien te llena y te completa,
    quien da sentido a tu existencia,
    a quien has de seguir y escuchar.

    Habla y dialoga con Él,
40 en lo más íntimo de tu ser,
    deja que te enseñe su ser,
    que penetre con su bien.

    Deja que te bañe con mi ser,
    deja que te alivie con mi bien,
45 deja que descienda mi ser,
    escucha y te hará bien.

GENERACIÓN

Espíritu del cielo estrellado,
esencia de lo que existe,
aliento eterno, infinito,
50 asiento de todas las cosas,
cimiento que en todo se erige,
escucha en silencio mi ser.

Escucha, comprende,
la verdad de lo que es,
55 abre tu oído al silencio,
escucha en lo íntimo mi ser.

No escuches otras voces,
efímeras y perecederas,
lo que existe es pasajero,
60 sólo Dios es estable y perfecto,
lo que da sentido pleno,
por los siglos, hasta lo eterno.

Todo lo que fuiste,
lo que eres y serás,
65 tiene sentido y se explica,
en este amor exquisito,
que hay en el ser de lo íntimo.

El Ser de todo lo que es,
ha hecho a todos los seres,
70 modelados a su imagen,
y a semblanza de su ser.

LIBRO SEGUNDO

III

Abre los ojos y mira,
escucha a tu lado y contempla,
es el amor de tu alma,
75   el que te aguarda y espera.

La voz del alma íntima,
a tu lado se revela,
la intimidad del amor,
en lo íntimo te enseña.

80   Porque el alma se enriquece,
en el silencio sola,
en lugares alejados,
donde a tu lado reposa.

Vivo en un rincón apartado,
85   lejos del mundo y su ruido,
ven y divisa mi camino,
en el silencio escondido.

Ven, divisa mi sendero,
en el cielo mi paraíso alado,
90   mi senda en el firmamento,
en el alto cielo estrellado.

Escucha mi voz en tu oído,
alienta mi ser en silencio,
mi aliento es respiro íntimo,
95   mi susurro latido sereno.

GENERACIÓN

IV

Yo Soy el Señor,
artífice de la creación,
Hacedor de todo lo existente,
lo finito y lo infinito,
100 lo creado y lo engendrado,
todo lo que vive y existe,
viene de mi ser y me pertenece.

Yo vivo por encima,
de todos los universos,
105 de todos los mundos posibles,
y de todos los firmamentos.

Yo Soy la tierra entera,
el ancho horizonte, el alto infinito.

Yo dirijo todos los astros y orbes,
110 regulo los años y las estaciones.
¿Quién como tú, Hacedor?

Yo abro las fuentes del abismo,
y rompo las cataratas de los cielos,
en la noche separo la tiniebla,
115 en el océano esparzo mi sendero.

Yo hice la noche y sus estrellas,
en el cielo coloqué mis lumbreras,
el sol para iluminar el día,
en la noche mi luna llena.

LIBRO SEGUNDO

120   Yo llené con mi aliento los abismos,
con mi luz iluminé las tinieblas,
de astros llené los cielos,
de luz inundé las estrellas.

Con mi Verbo llené de destello,
125   las esferas del gran firmamento,
dí orden con mi saber,
a todas las formas del tiempo.

Con mi vida íntima, yo alumbro,
con mi luz eterna, yo enseño.

130   Y en los valles puse torrentes,
de mis aguas llené las estepas,
coloqué en los prados mis fuentes,
y blanqueé las cumbres y crestas.

Con un soplo doté de vida,
135   a todo lo que se mueve y respira,
con el amor de mi alma tierna,
henchí de vida a la tierra.

V

Yo Soy el Ser Supremo,
conocimiento profundo y escondido,
140   Yo Soy la fuente originaria,
principio de toda doctrina.

Amor que a todo da vida,

GENERACIÓN

> amor que todo lo ordena,
> amor de bien infinito,
> 145 que a todo crea y moldea.
>
> Yo Soy el Hacedor eterno,
> en lo íntimo reposa mi ser,
> en el silencio te enseña,
> la verdad de mi saber.
>
> 150 En lo íntimo de tu alma,
> alejado de los ruidos,
> mi ser permanece tranquilo,
> en tu rincón recogido.

VI

> Yo te enseñaré la calma,
> 155 de las aguas de mi quietud,
> ven a mi lado y descansa,
> en los campos de mi beatitud.
>
> Yo Soy está contigo,
> viaja contigo siempre,
> 160 el dueño del mundo entero,
> a tu lado permanece.
>
> Por Él todo fue hecho,
> y por Él todo existió,
> por Él todo se ordenó,
> 165 es el gobierno y principio,

de toda la creación.

Y en la noche del silencio,
tú maduras y asimilas,
y haces tuyo mi misterio,
170 en la noche de tu tiempo,
en lo profundo y escondido,
todo es eco de mi nombre.

VII

Y el Eterno infinito,
iluminó con su luz el mundo,
175 iluminó con su intimidad,
con su sentido y verdad.

Dio su ser a toda existencia,
dio su orden y su esencia,
se hizo uno con nosotros,
180 y señaló su camino.

Y nos hizo eternos e infinitos,
pegados a la fuente de su ser,
nos hizo hijos de su cielo,
hijos de la luz que lo hizo.

185 Hijos de Dios, que es uno,
eterno, indivisible, infinito,
siempre el mismo, en todo está,
en todo es, la eterna eternidad.

GENERACIÓN

El Ser que siempre es,
el Ser que siempre será,
que siempre estamos en Él,
unidos a la eterna verdad,
origen de todas las cosas,
y sus naturalezas y formas.

Y quien quiera conocer la verdad,
venga al ser de lo que es,
que contemple al Hacedor de lo que es,
el Ser eterno hasta la eternidad.

VIII

Quien tenga sed que beba,
que venga a mí y que beba,
ríos de agua correrán,
de mi agua dulce y tierna.

Porque el agua que Yo daré,
es corriente genuina,
es fuente de vida plena,
que riega el alma llena,
agua abundante, verdadera,
agua de vida eterna.

Agua que mana en el desierto,
en la soledad del silencio.

Y en él me arribaré,

LIBRO SEGUNDO

    y Yo lo regaré,
con la fuente de mi ser,
y será arroyo de mi fuente,
215   será manantial que baja y desciende,
de las cimas de mis corrientes,
de mis montañas celestes.

    Y allí Yo estaré para siempre,
hasta toda la eternidad,
220   agua que mana de mis entrañas,
agua eterna de la verdad.

IX

    Yo Soy el Espíritu de la luz,
a la que todo espíritu aspira,
esta es la luz de la vida,
225   el Espíritu que está en mí.

    Porque la vida del Espíritu,
vida llena y plena es,
permanece siempre estable,
en el alma de cada ser.

230   Y los que viven en alma y espíritu,
permanecen en el Ser,
esa es la luz de la vida,
a la que todo espíritu aspira.

    Así el Espíritu enseña en el alma,

GENERACIÓN

235   y da a conocer el misterio,
la verdad de su secreto,
de su intimidad infinita,
de su secreta sabiduría,
de su conocida antigüedad.

240   Y todo lo que en el mundo habita,
todo lo que vive y existe,
todo lo que se mueve y respira,
viene de la esencia del Ser,
que es el orden trascendente,
245   de todo lo que existe y lo que es.

X

Ven a la intimidad de tu alma,
ven a mi soledad secreta,
ven al bien de mi silencio,
ven a mi tranquilidad serena.

250   Ven a los campos de mi ser,
ven a las fuentes de mi bien,
entra en la tierra nueva,
la tierra que Yo te daré.

Yo alzaré allí mi tienda,
255   plantaré allí mi morada,
y será mi alianza perpetua,
en lo íntimo de tu alma.

LIBRO SEGUNDO

XI

Venid ciudadanos del cielo,
venid, venid a la luz,
260 venid al gozo del cielo,
venid al gozo verdadero.

El gozo del Espíritu conocerás,
su dulce esencia y armonía,
la dulce luz de su verdad,
265 su vibrante vida y claridad.

Y gozarás de mi presencia,
del ser de honda plenitud,
del ser de toda magnitud,
venid a mi, venid, venid a la luz.

270 Fuente de luz de mis honduras,
fuente que desciende de mi luz,
fuente de infinitas alturas,
venid a las cimas de mi luz.

Salid a los campos solitarios,
275 y alzad la vista al cielo,
contemplad los antiguos prados,
de mis pastos centenarios.

Salid, sencillos y claros,
a los campos de mi luz,
280 contemplad el universo estrellado,
el Espíritu de la luz.

GENERACIÓN

XII

Amad la luz de las cumbres altas,
de los anchos horizontes,
de las cimas y los montes,
de los limpios y altos cielos.

Esta es la vida verdadera,
la vida clara del alma,
la vida que viene de arriba,
que el cielo anima y alienta.

Que alumbre entre vosotros y crezca,
la luz de mi verdadera esencia,
que todos vean y comprendan,
la luz que da vida a la existencia.

Esta es la luz de mi generación,
generación del Padre de la luz,
somos hijos de la luz,
luz de la fuente escondida,
luz del amor de Dios.

XIII

Crece el Espíritu en el alma,
crece Dios en el silencio,
crece en lo íntimo el Ser,
crece el bien de Dios en su ser.

LIBRO SEGUNDO

En la noche de la luna,
fluyen y crecen las aguas,
305   sequedades solitarias,
cuando Dios pone en el alma,
la semilla que hace crecer.

Es el amor en tu alma,
aliento que al alma anima,
310   amor que viene del cielo,
y la llena de vida íntima.

Esta es la tierra nueva,
la tierra de tus ancestros,
tierra de montes y valles,
315   de prados verdes y acequias.

Tierra fértil y espaciosa,
de generosa cosecha,
esta es la tierra que espera,
toma posesión de ella.

320   Ya vives en la luz celeste,
ya es mi luz en tu alma nueva,
ya eres ciudadana mía,
generación de mi existencia.

Desde las crestas de mis cielos,
325   mi Espíritu descenderá,
y a la vida os conducirá,
a las sendas vivas de mis reinos.

GENERACIÓN

Es nube de luz que guía,
es fuego que alumbra en lo interno,
es ser que eleva el alma,
alturas del cielo eterno.

Espíritu que da vida,
vida elevada del cielo,
esta es la patria que ofrezco,
la patria de amor verdadero.

XIV

Ya vives en la luz del día,
ya lo invisible está en ti,
ya contemplas la luz del alma,
ya llena la luz tu existir.

Luz de existencia viva,
luz de mirada alta,
luz fija en el horizonte,
cima de luz mi morada.

Ven alma de luz delicada,
ven alma a mi montaña alta,
ven alma a la luz eterna,
ven alma a la vida nueva,
la patria de tu existencia.

LIBRO SEGUNDO

XV

Y aquel Espíritu originario,
350 que en el principio de lo creado,
separó las aguas de las aguas,
para crear la expansión de los cielos,
que creó mares y continentes,
y dio luz a lo existente,
355 es la esencia de mi generación.

Y toda la tierra y sus vivientes,
se llenaron de luz resplandeciente,
Espíritu de luz celeste,
que todo lo creó con su ser,
360 la palabra de Dios en su ser.

Y así se constituyó el mundo,
con la orden del amor,
Espíritu que todo lo hizo,
con su Verbo creador.

365 Y a todo puso su nombre,
y a todo le dio su forma,
y así el mundo es la historia,
del Espíritu de Dios en la tierra.

Esta es la historia de la creación,
370 la historia de Dios en la tierra,
de como Dios puso en ella,
el Espíritu de su amor.

GENERACIÓN

XVI

Retorna a los tiempos pasados,
cuando el aliento de Dios descendió,
375 en el origen de todos los tiempos,
para hacer su generación.

El soplo de Dios descendió,
y lo llenó todo con su esencia,
con su bondad y excelencia,
380 su completa perfección,
dio sentido infinito a todo.

Y Dios vio todo lo hecho,
y vio que todo era bueno,
vio que era bondad perfecta,
385 y tuvo al Saber como modelo.

Así la creación manifiesta,
la bondad del Ser en la tierra,
lo invisible en lo visible,
el ser de Dios en la tierra,
390 se posó en el inicio.

Y así el amor es el principio,
porque la creación,
fue un acto de amor de Dios,
que hizo a imagen y semejanza,
395 del amor con el que todo lo amó.

Por eso, amarás el Amor,

principio y origen de todo.

Y así todo el que ama,
está en el amor del todo,
400 está en el Uno con el todo,
es uno con el Amor,
que es el amor de Dios.

El aliento de Dios se cernió,
sobre la faz de las aguas,
405 y separó la noche y el día,
y alumbró con su sabiduría,
puso la luz en el caos,
y el amor hizo morada.

Porque el Espíritu es eterno,
410 inmutable, imperecedero,
Espíritu de sabiduría,
profundidad de conocimiento.

XVII

Yo Soy uno, tu Señor,
el Dios de tu corazón,
415 sólo Yo Soy el Eterno,
siempre estable, imperecedero,
omnipresente, inmutable,
y no hay otro como Yo.

Yo en ti estoy, y en ti soy,

GENERACIÓN

420 tu Dios y tu único Señor,
el Dios que se te anunció,
en el día de la creación,
el Dios de tus ancestros,
de tus antepasados lejanos,
425 de los cielos y los montes altos,
el Creador y Hacedor.

XVIII

Dejad vuestras huertas y albercas,
cruzad los arroyos y cercas,
entrad en los secretos rincones,
430 de mis campos recogidos.

Venid a mis pastos escondidos,
venid a la luz de mi existencia,
construid ahí un pueblo,
mi propio pueblo que espera.

435 Venid a las cimas altas,
de mis montes elevados,
a las lunas de mis cielos,
a los anchos estrellados.

Buscad los horizontes lejanos,
440 los senderos apartados,
buscad los secretos íntimos,
de mis desiertos alejados.

LIBRO SEGUNDO

    Salid y dejad vuestras ciudades,
dejad aldeas y pueblos,
445 subid las cumbres de mis montañas,
venid a la luz de mis senderos,
en las altas soledades.

    Venid a la tierra mía,
venid, cruzad, atravesad,
450 venid y entrad en la tierra,
que Yo os habré de mostrar.

XIX

    De los cielos bajó para instruirte,
a tu morada íntima llegó su voz,
y abriste tu interior y escuchaste,
455 te recogiste y contemplaste,
y allí gozaste y recreaste.

    Bajé a ti, hablé y contemplaste,
oíste mi voz y escuchaste,
viste mi luz, y la admiraste,
460 y atendiste mi palabra,
y acogiste mi mensaje,
lo acogiste y degustaste.

    No visteis, escuchasteis,
el Espíritu de Dios que bajó,
465 habla con sonido del alma,

GENERACIÓN

su voz es silbido que habla,
que se muestra y se derrama,
para enseñar su suavidad,
su ser y su eternidad,
470 que es pacífico y estable,
que es sencillo y amable,
que es silencio en la intimidad,
que es su reino, la soledad.

Es la tierra de luz infinita,
475 tierra de blancas cimas,
su Creador es quien os la entrega.

XX

Y destruiré la muerte para siempre,
y haré vida de espíritu siempre,
generaré en cada ser un alma viva,
480 vida que viva para siempre.

Y esa es la vida nueva,
la vida que se nos ofrece,
vida del ser para siempre,
que es vida eterna y completa,
485 la del ser de la existencia,
existencia del alma íntima,
la tierra de la promesa.

LIBRO SEGUNDO

Yo Soy la verdad infinita,
el Logos de la creación,
490 el fundamento y principio,
con lo que todo se hizo,
origen de todo saber,
el Arjé que a todo da sentido,
desde el inicio de la creación.

495 Quien viene a mí y me siga,
tendrá la plenitud de la vida.
estará en mi ser para siempre,
y conocerá mi plena sabiduría.

XXI

Yo Soy la Sabiduría,
500 eterna hasta el infinito,
toda palabra es mía,
todo conocimiento es mío.

Todo lo que vive y existe,
Yo lo conozco y contemplo,
505 Yo tengo conocimiento íntimo,
de todo el mundo y su forma.

Yo Soy la Palabra perfecta,
Yo Soy la Suma Idea,
razón que ilumina el alma,
510 que en lo íntimo guía y enseña.

GENERACIÓN

Yo Soy el que Es,
el ser para siempre verdad,
ser del alma eterna,
el ser del bien y la bondad.

515 Yo Soy el que siempre Es,
el que siempre existe y existirá,
por el que existe todo ser,
y todo lleva para siempre mi nombre,
Yo Soy el que es, Yahvé.

XXII

520 El eterno es mi dominio,
mi morada la luz perpetua,
luz divina, recogida,
luz de vida y existencia.

Que venga a la luz de mi Luz,
525 que venga a la luz de mi ser,
la luz del bien infinito,
brille y destelle en tu ser.

Descenderé a vosotros y moraré,
de la altura de mi cielo bajaré,
530 y prados y pastos crearé,
y de las sombras os sacaré.

Y allí haré nuevos mis campos,
y formaré de nuevo mis cielos,

y encaminaré vuestros pasos,
535 y a mi ser os llevaré.

Venid a mis pastos frescos,
a mis campos centenarios,
venid a mis arroyos serenos,
en mis anchos estrellados.

540 Venid al alto cielo,
en el ancho firmamento,
venid y salid a mi encuentro,
luz de mi nacimiento.

Montaña de luz que habla,
545 morada de la luz divina,
llama de amor que arde,
en la intimidad escondida.

Es llama de luz de vida,
es llama que no se apaga,
550 montaña de luz sagrada,
en lo íntimo de tu alma.

El amor ha fijado su nombre,
el amor ha sellado su puesto,
Él ha escrito su libro,
555 mensaje para todos lo tiempos.

GENERACIÓN

XXIII

En la noche del silencio,
la luz del cielo desciende,
con su sonido sencillo,
con su resplandor creciente.

Luz de estrella infinita,
luz de la noche callada,
luz que brilla en los astros,
luz que destella en el alma.

Luz de la luz de la vida,
luz de la cumbre elevada,
luce tu luz en la noche,
en la cima de tu alma.

Luz de cielo, luz de vida,
luce en el alma íntima,
sendero de luz que luce,
en la noche de luz infinita.

Hoy ha nacido en tu alma,
el Dios de la luz del cielo,
alza tu luz al silencio,
luz de tu nacimiento.

Desciende la luz en tu pecho,
mira su brillo y destello,
en lo íntimo y escondido,
tu ser nacido de nuevo.

XXIV

580 Sal al bien de la alegría,
sal al claro azul del cielo,
sal a la luz de mi día,
en el blanco firmamento.

Sal a la luz de mi sendero,
585 sal a mis campos eternos,
sal a mis claros abiertos,
en los altos de mi cielos.

Busca el cielo de tu alma,
busca el reino de tu cielo,
590 busca en lo íntimo tu cielo,
busca a Dios en el silencio.

Busca el Dios de lo creado,
busca el Dios de lo eterno,
busca el Dios del infinito,
595 cima del bien estrellado.

Busca mi amor sereno,
busca serena y quieta,
la bondad de mi sendero,
en lo íntimo de tu adentro.

600 Busca el misterio de tu vida,
luz del alma encendida,
busca la luz de tu estrella,
fuente de luz infinita.

LIBRO TERCERO

LIBRO TERCERO

I

Yo Soy el que soy,
el ser para siempre verdad,
ser del alma eterna,
ser del bien y la bondad.

Yo Soy el que siempre es,
que siempre existe y existirá,
por el que existe todo ser,
y nada existe sin mi ser.

Mira el cielo y contempla,
la noche alta, la altura infinita,
todo lo que existe y lo creado,
allí se esconde mi nombre,
el ser que en todo reposa,
el fundamento y origen,
principio de todas las cosas.

Venid y os daré de mi ser,
esencia de todo saber,
sustancia eterna y no creada,
sin forma, ilimitada.

Venid a mí y entrad,
entrad en lo íntimo de mi ser,
en el ser de todas las cosas,
entrad en la luz de mi vida,
vida eterna, infinita.

LIBRO TERCERO

II

25 El Espíritu es inmensurable,
    en todo está y en todo es,
    a todo le da su existencia,
    y a todo le da su ser.

    Porque Él en todo es,
30 todo lo llena y completa,
    con su infinita presencia,
    viva, eterna, verdadera.

    Porque Él es el ser de todo,
    y todo lo llena con su ser,
35 y todo existe por su ser.

    Somos llamados a una vida nueva,
    por el Espíritu que regenera,
    que habla y enseña su norma,
    y es guía en el alma que enseña.

40 Somos llamados a ser,
    con el bien de lo que es,
    unidos a su existencia,
    unidos a la luz eterna.

    Porque la vida perfecta,
45 es unión con el Ser,
    luz de la vida plena,
    fuente de luz verdadera,
    sólo Él tiene vida llena.

GENERACIÓN

III

    Y quien vive en el ser de lo que es,
vive en la plenitud de su ser,
allí todo tiene sentido,
viviendo en el sentido del Ser.

    Porque Yo Soy el Ser,
de todo lo que existe y lo que es,
y todo lo que es y lo que existe,
esta en mí, está en mi Ser.

    Yo Soy el Ser del principio,
manantial de vida eterna,
donde mana el agua plena,
el Uno, el Eterno, el Infinito.

    Como la luz del día,
que todo lo llena con su luz,
como los rayos de luz del sol,
que todo lo alumbran con su luz,
es la luz espiritual de Dios,
que es íntima del Ser de Dios.

    Es la luz del interior,
que llena toda alma de vida,
quien vive con su luz íntima,
conoce la luz del Ser,
a todo da aliento de vida,
amor que llena con su Ser.

LIBRO TERCERO

IV

Porque la vida que Yo doy,
es vida de conocimiento y verdad,
75 es vida de luz y claridad,
porque Dios es Espíritu y verdad,
y sólo quien cultiva el Espíritu,
da culto en Espíritu y verdad.

Todo mana de mi ser,
80 que es fuente de toda vida,
luz de la palabra viva,
unión con la esencia íntima.

Es el agua que mana del Ser,
arroyo que mana de su vertiente,
85 corriente que baja de su ladera,
riega el alma y la llena.

Déjame vivir en tu fuente,
deja que fluya tu corriente,
que en mi luzca tu Verbo,
90 y ser reguero y afluente.

Y el Espíritu del ser,
vive y anima el alma íntima,
y la abreva de su delicia,
génesis de todo lo que es.

GENERACIÓN

V

Llenad los campos y valles,
llenad las altas montañas,
llenad las cumbres blancas,
con las fuentes de mi ser.

Llenad mis abrevaderos,
llenad de vida los mares,
llenad de vida los cielos,
con la infinidad de mi bien.

Y verdee la tierra verde,
y los árboles y sus frutos,
y las semillas según su especie,
con las aguas de mis fuentes.

Y crecerá allí mi simiente,
y llenará toda la tierra,
con la semilla de mi cosecha,
la tierra de mi descendencia.

Y allí señaló su destino,
el Ser de Espíritu íntimo,
el Ser del todo infinito.

LIBRO TERCERO

VI

    Y alumbró con su sabiduría,
y puso orden en el universo,
y a lo oscuro llamó noche,
y a lo claro llamó día.

    Descendió el Espíritu de luz,
y lo llenó todo de su día,
el Ser que todo ilumina,
iluminó con su luz al día.

    El Espíritu de luz,
llenó todo de sabiduría,
luz de día que ilumina,
claridad del Ser de Dios.

VII

    Porque el agua que de mi descienda,
es luz del Espíritu que llena,
es agua de vida eterna,
es alma de vida plena.

    Y daré arroyos en el páramo,
y daré luz en lo seco,
para que todo lo baldío,
florezca con la luz de mi ser.

GENERACIÓN

Y regaré de Espíritu mis ríos,
135 derramaré con la luz de mis acequias,
para que luzca luz en lo íntimo,
arroyos de vida interna.

VIII

Fuentes de luz verdadera,
son los ríos de mis aguas,
140 alumbraré de dunas llenas,
y manantiales iluminaré.

Correrán ríos en las almas,
regarán arroyos y regueros,
los páramos y desiertos,
145 de mis aguas llenaré.

Yo encenderé las oscuridades huecas,
las tinieblas secas alumbraré,
mi luz irradiará en las cavidades,
columnas y cimientos erigiré.

150 Enseñaré con la claridad del fuego,
la verdad de mi ser mostraré,
el bien de mi ser verdadero,
en lo íntimo enseñaré.

LIBRO TERCERO

IX

Yo Soy la Luz del firmamento,
155 Yo Soy el Ser del universo,
Yo Soy el Espíritu interno,
todo lo creo y lo renuevo.

Luz de apartados senderos,
luz de elevadas colinas,
160 luz del ancho horizonte,
resplandor del alto cielo.

Luz que abre las praderas,
que riega páramos y desiertos,
que ilumina montes y cimas,
165 de los altos de tus cielos.

Será luz de nuevo día,
será luz de cielo nuevo,
será luz que no se apaga,
como eterno mediodía.

170 Alza tu mirada alta,
a los altos de mi luz,
alza el alma a mi morada,
luz eterna y exquisita.

Yo Soy la luz de la sabiduría,
175 luz eterna, infinita,
luz del bien y de la vida,
todo en mi existe y habita.

GENERACIÓN

Quien asciende a la luz de la vida,
vive en la luz de mi cima,
cima de la luz de la vida,
luz que baja al alma íntima.

Yo Soy el Señor del día,
Señor de la luz infinita,
y a los que estén en tinieblas,
les digo, venid a la luz.

X

Retornad al inicio,
al origen de lo que fue,
allí donde fuimos creados,
con la fuerza de mi ser.

Nuestra naturaleza íntima,
nuestra esencia primera,
el soplo que nos dio origen,
desciende del bien verdadero,
el reino del alto cielo.

Y es voluntad del Padre,
según su orden y principio,
volver a ser lo que éramos,
acercarnos a su ser,
el Ser que creó en el inicio.

LIBRO TERCERO

XI

200 Porque Él es la sabiduría,
Él es todo saber,
y quien le conoce a Él,
conoce todo lo que es.

Porque Él es todo lo que es,
205 todo es por Él y es en Él,
y nada existe sin su ser.

Sin Él nada es,
es la luz de lo que es,
y quien se deja iluminar de su ser,
210 resplandor de todo saber,
luce en conocimiento pleno,
y conoce la verdad del Ser.

El Ser está en vosotros,
dentro de vosotros es,
215 el saber del todo está en vosotros,
en vosotros está el Ser.

Es el Ser que en ti permanece,
que en lo íntimo se hace presente,
revela su verdad y esencia,
220 en lo íntimo de cada ser.

Luce su ser interior,
la verdad de toda existencia,
que a todo da vida y genera.

GENERACIÓN

XII

    Ven a beber de mi fuente,
ven a mi fuente secreta,
aspira a ascender mi cima,
vida de bien y excelencia,
fuente de luz exquisita,
manantial de vida plena.

    Bajan las aguas mis laderas,
bajan los ríos mis corrientes,
bajan los arroyos las vertientes,
bajan los prados aguas llenas,
bajan aguas de luz infinitas,
a la luz del alma plena.

    Bajan manantiales verdaderos,
fuentes de luz y regueros,
bajan de mis montañas y cimas,
bajan las aguas y riegan,
las aguas de mis fuentes vivas.

XIII

    Ésta es mi luz del día,
claro despertar del cielo,
ésta es mi aurora infinita,
sol eterno y duradero.

LIBRO TERCERO

245 Ésta es mi esencia perpetua,
generación tras generación,
todo lo revive y lo recrea,
todo lo hace nacer y crecer,
todo lo renueva y regenera.

250 Todo lo llena mi presencia,
en todo mi esencia viva,
su ritmo y latido interno,
su despertar y crecimiento,
su colorido y su forma,
255 su cambio y transformación.

El Ser de toda generación,
de lo antiguo y lo primero,
de lo pasado y lo presente,
de lo presente y lo postrero,
260 de lo que está por venir y vendrá,
de lo que existió y existirá.

Desde el inicio de la creación,
plantaste tu semilla íntima,
todo lo llena de su ser,
265 esencia oculta, infinita.

Luz de todo lo venidero,
de todos los tiempos y culturas,
de toda nación y frontera,
en toda la tierra entera,
270 tu gobiernas la creación.

GENERACIÓN

En las cumbres y las cimas,
en las laderas secretas,
en las altas soledades,
en los silencios y estepas,
275 allí vive, allí se muestra,
el alma de mi ser quieta.

XIV

Sal a tu campo estrellado,
sal a la luz de tu cielo,
sal a los prados verdes,
280 de mis alturas celestes.

Aspira al bien de lo alto,
en los campos de mis fuentes,
paraíso alado, aliento ligero,
leve, invisible, liviano,
285 para vivir para siempre,
tu reino hasta lo eterno.

Yo Soy todo lo creado,
el ser de toda generación,
en todo estoy, todo soy,
290 ésta es mi creación.

Sal y reposa conmigo,
en la noche de mi secreto,
contempla mi ancho universo,
extenso cielo estrellado.

LIBRO TERCERO

295   Contempla la extensión de mi tierra,
eterna como montaña íntima,
alta como la cima del sol,
luce su luz infinita.

    Contempla en lo alto el creador,
300   Hacedor del firmamento,
descendió su amor en la nube,
bajó en la cima su fuego.

    Yo os daré mi luz del cielo,
Yo os daré la luz de mi bien,
305   escucha mi bien imperecedero,
escucha en silencio mi ser.

    Granos de arena infinita,
son las briznas de mi ternura,
aromas de mi querencia,
310   la presencia de mi hondura.

XV

    Venid a mí, recostaros,
en mis valles solitarios,
venid a mí, descansaos,
en mis pastos centenarios.

315   Venid a mí, descansad,
en las cimas de mis reinos,
venid al reposo sereno,

GENERACIÓN

en los altos de mis cielos.

Y la voz de la creación descendió,
la que todo lo hizo y lo creó,
a lo íntimo del alma descendió,
le mostró la luz de su cielo,
y le enseñó a vivir de nuevo.

XVI

Mi fruto permanece para siempre,
fruto de semilla del tiempo,
fruto que todos lleváis dentro,
desde el origen de la creación.

Esto es lo que Yo os enseño,
un fruto eterno y duradero,
fructificad los unos en los otros,
con el fruto de mi amor eterno.

Creced y dad fruto elevado,
fruto elevado del cielo,
de amor pacífico y pleno,
fruto del Ser verdadero.

Riega manantiales y torrentes,
riega arroyos y praderas,
abarca llanuras y estepas,
acequias y manantiales riega.

340 Riega regatos y regueros
meandros y abrevaderos,
todo lo llena, todo lo riega,
la luz de mi agua plena.

A toda alma le di mi Verbo,
345 a toda alma desde el inicio,
cuando todo fue creado,
a imagen del Hacedor.

XVII

Y había en Elim un oasis,
y doce manantiales había,
350 y setenta palmeras había,
con agua que corría y fluía.

Y había en Edén un huerto,
en el oasis que Dios les dio,
con cuatro ríos que fluían,
355 desde Etiopía a Havilah.

Plantó allí el ser de la vida,
fruto de su ser y sustento,
el árbol de luz infinito,
sentido del bien verdadero,
360 erigido en el centro del huerto
luz del Espíritu eterno.

Había ríos de agua buena,

GENERACIÓN

que bajaban y fluían,
en arroyos y corrientes,
365 manaderos de agua viva.

Porque el agua que yo daré,
es agua de vida eterna,
agua de la que quien beba,
no tendrá nunca más sed.

370 Beberá en el desierto de mi agua,
beberá en la cima de mi noche,
beberá en la estepa de mi monte,
beberá de la fuente de mi ser.

XVIII

Y el paraíso les otorgó,
375 con frutos buenos de comer,
y en el centro plantó un árbol,
el Árbol de la vida del Edén.

Y toda la naturaleza entera,
las montañas y los prados,
380 los océanos y los lagos,
de los cielos las formó.

Junto al Árbol hizo al hombre,
a la mujer la creó,
junto al Árbol infinito,
385 junto al ser de la creación.

LIBRO TERCERO

Y Dios creó en el alma,
el soplo de su respiro,
el aliento de su infinito,
a su imagen lo creó.

390   Y correrán corrientes de vida,
porque Yo Soy el Árbol de la vida,
Yo Soy la resurrección y la vida,
y he venido a repartir vida,
a que viva y florezca la vida.

395   Y quien coma de mi fruto,
tendrá vida para siempre,
una vida plena y llena.

XIX

Y en aquel jardín antiguo,
que Dios creó desde el inicio,
400   vivían al ritmo del alma,
en el bien del ser infinito.

Quien a mi me siga y contempla,
quien a mi me escucha y atienda,
tendrá la luz de la vida,
405   tendrá la vida eterna.

Porque quien entra por mi puerta,
vendrá de nuevo a la vida,
y dará mucho fruto de vida,

GENERACIÓN

el fruto de la vida primera.

410　Yo vine para que todos vuelvan,
a la fuente de la vida primera,
para que todos vivan y beban,
de la fuente de la Palabra verdadera.

Yo vine para que permanezcáis,
415　unidos al Árbol de la vida,
que estéis en el jardín de la vida,
el jardín de la vida íntima.

Pues los que viven del Espíritu,
viven una vida nueva,
420　vida perenne y verdadera,
dulce alma de ser llena.

XX

Porque Dios hizo el mundo,
desde el amor del Espíritu,
y el amor del Espíritu lo hizo,
425　y a todo dio su infinito.

Espíritu de amor generador,
Espíritu artífice y creador,
reflejo de la actividad de Dios,
de su poder de generación.

LIBRO TERCERO

430   Porque es la voluntad de Dios,
que regresen al ser que les hizo,
que regresen al ser del inicio,
al inicio del espíritu infinito.

    Quien venga a mí y me siga,
435   vendrá al Árbol de la vida,
tomará de mi fruto,
y Yo viviré en él.

    Y vendrá a mi generación,
y mi Padre estará con él,
440   y Yo lo acogeré hasta el último día,
y en él siempre reposaré.

    Este es el Árbol de la vida,
tomad los frutos de Él,
venid al jardín de la vida,
445   al jardín de la vida del Ser.

XXI

    Salía de Edén un río,
que regaba todo el huerto,
se dividía en cuatro brazos,
que fluían por todos lados.

GENERACIÓN

450 Un manantial fluía en Edén,
que bañaba todo el parque,
refrescaba y animaba,
henchía el parque de bien.

Brotaba el agua de su bien,
455 en toda parte remozaba,
el agua que todo avivaba,
en el jardín de la antigüedad.

Haré estanques en el desierto,
haré oasis con palmeras extendidas,
460 haré sombras en mi descanso,
haré ríos de agua en el páramo.

Haré que mi agua se extienda,
que la luz de mi ser florezca,
haré arroyos en la peña,
465 haré torrentes en el sequedal.

Transformaré la noche en día,
daré raudales de agua buena,
y haré fértil la tierra baldía,
en los pozos de agua llena
470 y allí vio el alma su senda,
en las aguas de Beer-sebá.

LIBRO TERCERO

XXII

El Amor baja y desciende,
de la cumbre alta en la que habita,
en el silencio se escucha,
475 el ser invisible, el viento que sopla,
oyes su sonido y lo invocas,
baja, desciende y te toca,
en la noche del alma íntima.

El Espíritu envía su sonido,
480 en lo secreto su latido escondido,
te llena, te alegra, te enseña,
verdad de vida verdadera.

El Espíritu lo ha dicho,
Yo Soy la verdad y la vida,
485 Yo Soy la luz y el sentido,
Yo Soy la existencia plena.

Él es el ser con nosotros,
divinos seres del cielo,
hijos de la luz que nos ha formado,
490 divina magnitud celeste.

Todo lo cubre con su sombra,
todo lo riega con su nube,
la nube de agua verdadera,
la luz del agua eterna.

GENERACIÓN

XXIII

Que haya valles y montañas,
que haya alturas y hondonadas,
que haya cimas y altozanos,
que haya oteros y elevados.

Que haya arroyos y regueros,
que haya collados y veneros,
haya pastos y prados verdes,
donde la vida florece.

Produzca la hierba verde,
hierba que de simiente,
produzcan las aguas vivientes,
aves del cielo sus especies.

Produzcan el cielo sus astros,
la noche sus lumbreras,
la luz del cielo florezca,
y llene la tierra entera.

Fructificad y multiplicaos,
henchid la tierra y el cielo,
colmad la tierra de amor,
a imagen de la creación.

Vibre la vida y crezca,
vibre el ser de la creación,
la luz del alma crezca,
crezca el amor de Dios.

LIBRO TERCERO

XXIV

Que sea la luz del cielo,
520 y creó Dios el cielo y la tierra,
y vio que todo era bueno.

Que se llene de luz el día,
y se aparte de luz la tiniebla,
y llenó de luz el firmamento,
525 y vio Dios que todo era bueno.

Que sean en el cielo lumbreras,
el sol para regir el día,
la luna para iluminar las estrellas,
y vio que todo era bueno.

530 Verdee la tierra verde,
con el agua de luz celeste,
y la llenó de frutos y especies,
y vio que todo era bueno.

Que se llenen de animales,
535 la tierra de sus especies,
bullan aguas y vivientes,
y vio que todo era bueno.

Que exista la mujer y el hombre,
y ambos Dios los creó,
540 a imagen de la luz los creó,
y vio que ello era bueno.

GENERACIÓN

    Fructificad, multiplicaos,
henchid toda la tierra,
y Dios contempló su tarea,
y vio que todo era bueno.

    Y en el día séptimo,
concluyó Dios su obra,
y bendijo Dios el día séptimo,
día de reposo de Dios.

    Esta es la historia de la creación,
de la luz del cielo y la tierra,
luz de la vida íntima,
luz del amor de Dios.

LIBRO CUARTO

GENERACIÓN

I

Venid a mí,
los que me queráis conocer,
venid a mí, que Yo os hablaré,
si me conocéis a mí,
al Padre conoceréis,
al Padre que me envió,
el Dios de la creación.

Yo Soy el conocimiento,
que solo viene de Dios,
del Ser de toda generación.

Venid a mi y descansad,
en el silencio interior,
reposad en mi morada,
unidos a mi verdad.

La luz del cielo la llena,
desbordante claridad,
se admira allí quien la mira,
se goza de su verdad.

Venid a mí, contemplad,
la luz de la montaña alta,
el Dios que todo lo abarca,
venid a mí, contemplad.

LIBRO CUARTO

    Venid y entrad aquí dentro,
permaneced en mi adentro,
25   en la intimidad de mi reino,
bienestar del silencio.

    Si estáis en mí y Yo en vosotros,
os llenaréis de mi gozo,
el gozo de mi reposo,
30   la luz del cielo en vosotros.

    Toda la creación entera,
los cielos y la tierra,
los mares y continentes,
los ciclos y las estaciones,
35   los días y sus noches,
las estrellas del cielo,
el sol y las lumbreras,
los seres vivientes,
es salida del amor,
40   del amor que tuvo Dios por ella.

    Todo el que a mí me contempla,
contempla al Padre y Creador,
todo el que a mí venga,
vendrá al Padre de la creación,
45   y mi Padre lo acogerá,
y hará de él su generación.

GENERACIÓN

II

Dios trajo el diluvio a la tierra,
para colmar de aguas sus crestas,
para llenar las cumbres altas,
50   y que el soplo de Dios existiera.

El Espíritu de Dios entró en el arca,
y separó las aguas de las aguas,
e hizo morada en ella,
el Espíritu de Dios en la tierra.

55   Mi aliento se paseaba en el arca,
mi viento fino la alimentaba,
y llenaba las estancias del arca,
y con Noé allí navegaba.

Guiado con el soplo de mi aliento,
60   infundido de saber y conocimiento,
allí respiraba mi suspiro,
allí enseñaba mi sendero.

Y allí descansaba en las aguas,
y allí levantaba sus velas,
65   y allí los vientos alzaba,
y con mi Ser les enseñaba.

Y allí mi Ser les bendecía,
y allí mi Bien les instruía,
y allí mi Amor les decía,
70   venid a mi, que Yo os enseñaré.

LIBRO CUARTO

Senda oculta mi sendero,
bien que desciende del cielo,
alimento vivo y verdadero,
fluye mi torrente eterno.

75 Y allí Yo los generé,
en los caminos de mi ser,
en las aguas cristalinas,
de los valles de mis reinos.

III

El Espíritu de Dios,
80 descendió sobre el Mar Rojo,
para abrir un camino en las aguas,
con el ser de su Espíritu infinito.

Hizo un camino en el mar,
y las aguas se separaron,
85 y los Israelitas cruzaron,
en la corriente de río seco,
en las aguas del Mar Rojo.

Yo les llevé hasta el desierto,
y allí les di mi alimento,
90 en la arena cálida, en el aire seco,
bebieron del firmamento eterno.

Con mi Verbo les alimenté,
con la sombra de mi mano les guié,

GENERACIÓN

    con las alas de mi suspiro les conduje,
95 a las bondades limpias de mi ser.

    Mostré a Moisés mis portentos,
    hice milagros y prodigios,
    destruí los ejércitos del faraón,
    sus dioses, sus altares y sus ídolos.

100 Y a mi oasis les llevé,
    de ríos y palmeras lleno,
    con frutos y buen alimento,
    les di una vida del cielo.

    Y le di a Moisés mi palabra,
105 con el aliento de mi Verbo,
    y le enseñé mi luz y sendero,
    Yo seré tu Dios, tú serás mi pueblo.

IV

    Antes de entrar en Canaán,
    el arca de la alianza,
110 separó las aguas del Jordán,
    con el Espíritu de Dios que iba en ella.

    Abrió senderos en el océano,
    y los Israelitas estaban firmes,
    en el cauce del río seco,
115 firmes en su alianza firme.

LIBRO CUARTO

El Espíritu de Dios lo hizo,
separó las aguas de las aguas,
y creó un camino en el mar,
para abrir luz en la oscuridad.

V

120 Y esta es la generación del Edén,
la generación de nuestros padres del cielo,
a ellos les di mi sustento,
para vivir una vida del cielo.

En el jardín les di un huerto,
125 y el Árbol de vida del Edén,
tomad mi fruto de él,
creced con mi gozo pleno,
el gozo de mi ser verdadero,
a vosotros os lo entrego.

130 Y esta es la generación de Noé,
abriré los torrentes de mi ser,
haré de los cielos mi sendero,
y una nueva creación haré.

Yo haré un pacto con vosotros,
135 y toda generación viviente,
creced y multiplicaos,
llenad la tierra de mi simiente.

Y esta es la generación de Abraham,

GENERACIÓN

    quien mi tierra le entregué,
140 haré de ti una gran descendencia,
    grande como las estrellas del cielo,
    crece y multiplícate.

      Y esta es la generación de Moisés,
    quien en la zarza me mostré,
145 con la llama de vida viva,
    conoció en el desierto mi ser,
    Yo seré tu Dios,
    tú serás mi pueblo,
    crece y multiplícate.

150   Dejad los altares y estelas,
    los dioses de los antiguos,
    venid al Uno y Eterno,
    al único Ser que todo es.

      Y abriré ríos en el mar,
155 y torrentes en la estepa,
    manantial que todo riega,
    vida plena y verdadera.

VI

      El Espíritu de Yahvé lo hizo,
    todo lo fundó desde el inicio,
160 de Él venimos, por Él existimos,
    agua del Espíritu vivo.

LIBRO CUARTO

Agua viva del Espíritu,
soplo de aliento infinito,
soplo del Neuma divino,
165 soplo eterno en lo más íntimo.

Este es el ser de mi generación,
el Espíritu bajado del cielo,
todo lo hizo, todo lo creó.

Que sea la luz, sepárense las aguas,
170 sea la tierra y el cielo creada,
y se abra sendero en el mar,
se haga luz en el desierto,
y alumbre en la oscuridad.

Que le de una larga herencia,
175 de pueblos y naciones llena,
que llene la tierra entera,
el bien de mi descendencia.

Él es el orden del universo,
sus ciclos y movimientos dirige,
180 coloca en el orbe las esferas,
y las estrellas dirige.

Él da luz a lo que existe,
todo en Él tiene su origen,
da vida a lo que habita,
185 y a toda vida pone su límite.

Él es la ley eterna,

mediante la que todo se rige,
sin su norma, nada existe,
esencia pura,
190 escondido Verbo,
conciencia íntima,
amor invisible.

VII

Hizo Dios el alma humana,
la primera de sus tareas,
195 sopló en ella su viento,
y la llenó de vida plena.

Jugaba el alma en su juego,
de día en el aire extenso,
jugaba con el sol de día,
200 en la luz de su nacimiento.

Yo allí me recreaba,
gozando del alma humana,
ni el viento ni la tormenta,
nada nos perturbaba.

205 El viento, el aire, la lluvia,
nos servían de alimento,
era mi aliento del cielo,
la fuente de vida y sustento.

Gozaba el alma en su presencia,

LIBRO CUARTO

210   suave, sencilla, discreta,
gozaba en su pureza íntima,
en su ternura e inocencia.

Todo mi ser lo alimentaba,
vida radiante y exquisita,
215   clara como la luz del día,
como aurora de la mañana.

Toda la vida era plena,
en aquel jardín del cielo,
brillaba el alma de vida,
220   crecía y se multiplicaba,
la luz del alma íntima,
crecía íntima en su agua.

Nubes blancas, vientos suaves,
cirros excelsos del aire,
225   el soplo de vida en los pulmones,
de eternidad respiraba.

Vivid una vida del cielo,
un fruto celeste Yo ofrezco,
tomad y comed de mi fruto,
230   del árbol que planté en mi huerto.

Éste es el Pan que yo ofrezco,
Pan de vida verdadero,
éste es mi bien y sustento,
aliento del Ser Supremo.

GENERACIÓN

235   Y esta es mi generación,
quien venga a mí y me siga,
tendrá vida para siempre,
unido al Ser de la vida,
creced y multiplicaos,
240   llenad la tierra de mi simiente.

VIII

Y dijo Dios,
que exista la vida,
y la tierra de vida se llenó.

No hizo Dios una tierra muerta,
245   quiso llenarla de vida,
que exista la vida, dijo,
y la vida se manifestó.

Yo Soy la vida para siempre,
eterna, perfecta, infinita,
250   mi vida nunca se acaba,
es vida llena, plena, íntima.

Vida secreta y escondida,
que vive en el alma íntima,
Yo Soy el Ser de la vida,
255   que anima con su ser de vida.

Vida que anima las aguas,
para llenar las corrientes de vida,

vida que del cielo mana,
para llenar con su cielo la vida.

260 El maná que les dio de comer,
la fuente que les dio de beber,
de la que mana toda vida,
a quien venga a mí y me siga.

¿Acaso no habéis sentido,
265 ese intenso amor de vida,
esa pulsión de la vida,
en lo íntimo del alma viva?

¿Acaso no habéis sentido
esa llama de amor viva?

270 ¿No habéis sentido el amor,
en el alma de la vida íntima?

Así hizo Dios al mundo,
vida de existencia viva,
vida que todo da vida,
275 con el amor a la vida.

IX

Guía Dios al mundo,
en lo íntimo de cada ser,
el Ser de cuanto es guía,
con la bondad de su ser.

GENERACIÓN

280   Es agua de amor viva,
que llena y alienta la vida,
con el soplo de lo eterno,
lleno del ser de vida.

    Guía Dios al mundo,
285   con el aliento de su ser,
fuente de vida íntima,
fuente de vida del Ser.

    Guía Dios al mundo,
con su bondad y ejemplo,
290   puso su amor en el inicio,
y vio Dios la vida que hizo,
y vio que todo era bueno.

    Guía Dios al mundo,
con el soplo de su amor,
295   hágase la vida dijo,
y con su amor la creó.

    Sea la vida creada,
en lo íntimo de cada alma,
y nació toda vida del alma,
300   con el alma de su ser.

    Guía al mundo la vida,
con la vida de su ser,
guía al mundo con su ser,
ser que es plenitud de vida,

plenitud del alma íntima,
llama de amor de cuanto es.

Guía Dios al mundo,
con el gozo de su amor.

¿No se alegró Dios de lo viviente,
no se gozó de lo existente?
¿No fue grato su contento,
no fue su felicidad excelente?

¿Porqué el mundo no mira,
y alza al cielo la vista?
¿Porque no recuerda y contempla,
el Bien de la creación primera,
la obra que sustenta,
la creación entera,
una obra de amor,
y de riqueza llena?

¿Porque el mundo no mira,
la vida desde su inicio,
maravilla y esplendor,
de todo lo que Dios hizo,
un relato de amor paciente,
para hacer lo existente?

Ha dejado el mundo,
de contemplar a su Creador,
ha dejado el mundo,

GENERACIÓN

330 de gozarse con su amor,
ya no ama el mundo el Amor,
no ama la vida con fervor,
ya no se extasía de su brillo,
ni le admira su esplendor.

335 Olvida el mundo,
el amor de lo creado,
ya no ama el mundo,
el Hacedor amado,
olvida el mundo el amor,
340 y todo lo creado,
ya no se admira el amor,
y todo el amor es olvidado.
¿Puede olvidar el Amor a su amado?

El Amor sigue amando,
345 a su amada creación,
el Amor sigue amando,
y guiando con su amor.

Ama el Amor,
y verás al Ser amado,
350 ama a su hijo amado,
y verás al Hacedor,
amando lo creado,
amarás al Creador,
y verás la creación,
355 como acto pleno de amor.

LIBRO CUARTO

X

Llegué en el día señalado,
un lugar en la historia y el tiempo,
la más pequeña entre las aldeas,
verá la salvación de tu pueblo.

360 Y fue así mi generación,
como iluminación de su ser,
como generación de su saber,
como manifestación de su poder.

Y así el Ser dio a luz un hijo,
365 fruto de su generación,
lo infinito, finito,
lo eterno, terreno,
lo imperecedero, perecedero.

Y dijo Dios en el día de mi generación,
370 sea la luz, y la Luz existió,
sea la luz en ti hecha,
y la Luz allí fue hecha,
con la sombra de su mano hecha,
en lo íntimo de su vientre hecha.

375 Y esa es la luz de mi concepción,
la Luz de mi generación,
la Luz que iluminó en mi inicio,
la Luz que dio a todo principio,
en el día de mi generación.

GENERACIÓN

XI

Yo Soy el que es,
y aquí estoy, para siempre,
como Ser eterno, siempre presente,
como realidad eterna y trascendente,
presente en cada ser inmanente,
en el espíritu íntimo,
en el alma de cada ser.

Ésta es vuestra casa,
la casa que baja del cielo,
ésta es la casa verdadera,
la casa que está en el cielo.

Venid y entrad dentro,
venid a reposar en ella,
si venís y entráis en ella,
tendréis verdadero conocimiento,
participaréis de mi gozo,
y gozaréis de reposo pleno.

Mi casa es ancha y extensa,
no tiene paredes ni techos,
ni tiene ventanas ni puertas.

Su extensión es el infinito,
su profundidad, lo eterno,
el inmenso universo,
hace morada en ella.

LIBRO CUARTO

Ésta es la casa del cielo,
405 venid y entrad allí dentro,
permaneced muy adentro,
en la intimidad de mi casa,
bienestar de mi silencio.

Llama a su puerta y entra,
410 la puerta de tu existencia,
existencia plena y verdadera,
existencia serena y perfecta.

Despierta a la luz de la vida,
mira y despierta tu guía,
415 busca la presencia mía,
que guía en tu alma íntima.

Mi paz es dulce y sencilla,
mi alma pacifica y quieta,
todo lo calma y asienta,
420 todo lo amansa y aquieta.

Bebe del agua pura,
fuente de Bien verdadera,
toma del ser de mi esencia,
busca mi fuente eterna,
425 en lo íntimo del alma está.

GENERACIÓN

XII

Llama a lo que es en tu ser,
despierta al Ser de lo que es,
y verás que todo lo que es,
está en ti, está en tu ser.

430　Él es el Ser pacífico,
el Ser puro y perfecto,
Ser único y verdadero,
Ser eterno, imperecedero.

No cambia, ni se altera,
435　nunca modifica su esencia,
su ser es siempre el que es,
el Ser mismo, el inmutable,
inalterable, infinito.

Busca el Espíritu íntimo,
440　busca el viento delicado,
busca el susurro sencillo,
respiro leve, aéreo, alado,
sutil, volátil, etéreo,
puro, elevado, incorpóreo,
445　fulgor de lo íntimo,
resplandor del cielo.

Es mi ser que está llamando,
es mi viento que está buscando,
es mi latido que está encontrando,

450 es mi Espíritu que está modelando,
es mi Verbo que está generando.

Es el Ser último y perfecto,
el que a ti te está llamando,
amor del cielo eterno,
455 el amor más vivo y completo.

Alzad la vista al cielo,
abrid el corazón al viento,
alzad la mirada y buscad,
la eternidad elevada,
460 el confín infinito,
la altura del firmamento.

Mirad las estrellas altas,
mirad la noche oculta,
mirad el cielo inmenso,
465 mirad, buscad, preguntad,
buscad con el corazón intenso,
el amor y la bondad,
pues ahí en lo íntimo,
es el Amor que está.

470 Somos esencia eterna,
somos cosmos y universo,
el Ser de todo en nosotros,
somos Uno con el Todo,
en unión con el Hacedor.

GENERACIÓN

XIII

475 Él es el Todo, Él es el Uno,
inmutable, incoercible,
en todo es, en todo está,
no hay en Él fractura o escisión,
es todo entero por igual,
480 la más completa unidad.

Todas las generaciones,
los universos y sistemas,
todas las vidas posibles,
y las más remotas existencias,
485 provienen de su íntima esencia,
de su ser y su existencia,
por eso es Padre eterno,
fundador de toda generación,
el Uno, el Todo, el Eterno,
490 principio y fundamento,
de toda la creación.

El espacio infinito es su morada,
la eternidad su vivienda,
no hay en Él limitación,
495 ni magnitud ni extensión.

Él es todo esencia,
todo es existencia,
es eterna trascendencia,

LIBRO CUARTO

Ser supremo por excelencia.
500 Y es impensable su ausencia,
porque todo es en Él y en Él todo está,
Él es Ser para siempre,
y Él que siempre va a ser.

El Ser hizo todo lo que es,
505 y todo lo que es,
es el Ser de lo que es.

El Ser que hizo todo con su saber,
está presente en cada ser,
por lo que cada ser,
510 es una manifestación del que es,
y el Ser de todo lo que es,
está presente en cada ser.

Cada existencia que es,
existe gracias al Ser,
515 es manifestación,
del Saber con que se hizo,
y el Saber con que se hizo,
está presente en su ser.

Y el Ser todo lo sabe de cada ser,
520 cada criatura que es y existe,
es conocida en todo por el Ser.

El Ser tiene conocimiento absoluto,
de toda criatura que nace de su ser.

GENERACIÓN

XIV

Este es el Ser verdadero,
525 ser que baja del cielo,
este es el ser de mi sustento,
Él en mí somos Uno,
junto al Espíritu eterno.

Espíritu que desciende del cielo,
530 en la nube alta,
en el calor del fuego,
en las corrientes de agua,
en la tierra y el suelo,
en todo está, en todo es,
535 el Espíritu del Ser.

Este es mi guía y sustento,
fuente de vida, savia eterna.

Seguidle, escuchadle,
es el Ser de la vida,
540 es el Bien verdadero,
sentido del firmamento,
es el Verbo eterno,
el Dios de la creación.

LIBRO CUARTO

XV

Volved a mi, contemplad,
545 entrad en la vida alta,
la que yo creé en la tierra,
en los comienzos de la humanidad.

Agua, cielo, vida llena,
toda la tierra la llené,
550 con la fuente de la vida plena,
con el Espíritu de vida que alienta,
con el Espíritu que hace crecer.

Vive el alma desde su inicio,
como brote de una planta,
555 crece, se desarrolla y agranda,
el alma en su vida íntima.

Crece en el alma viva,
crece el Ser que la hace crecer,
es el Ser que vive en el alma,
560 lo que Es y está dentro de él,
santuario del alma viva,
en lo íntimo de cada ser.

Crece el Ser en la intimidad,
crece en silencio y soledad,
565 crece el alma que busca,
en lo íntimo, su verdad.

GENERACIÓN

Crece el Espíritu en el alma,
crece el ser y se amplifica,
crece la llama en la intimidad,
570　busca mi presencia viva,
en tu íntima soledad.

Busca en la noche viva,
busca en la noche alta,
llama al cielo de tu puerta,
575　busca la luz de tu alma.

Pide el ser de tu existencia,
clama por tu luz de vida,
sal a tu noche viva,
alma de mi existencia.

580　Busca mi bien y mi esencia,
en la noche de tu alma viva,
luz que ilumina tu noche,
luz del cielo de vida.

Llama al cielo de tu alma,
585　pide por tu luz mía,
pide que se acreciente,
la luz de tu llama viva.

Que como semilla incipiente,
crezca, viva simiente,
590　que florezca y multiplique,
la luz en tu alma íntima.

LIBRO CUARTO

    Vive la vida y crece,
se extiende y multiplica,
fructifica en cada alma,
595   la Palabra de Dios viva.

    Vive alma mía, vive,
vive con el Dios de la vida,
sal a la vida y vive,
con la llama de Dios viva.

LIBRO QUINTO

GENERACIÓN

I

    Y dijo Dios,
sea la luz, y la luz fue,
y todo se hizo con su ser,
fue el Ser el que lo hizo,
fue el Ser el que dijo sea y fue,
el Ser de la luz todo lo hizo,
el Padre de todo lo creado,
todo lo creó desde el inicio.

    Y todo nombró con su nombre,
lo nombró con el nombre que quiso,
dijo llámese noche, llámese día,
y como quiso lo llamó,
según la palabra con la que lo dijo,
según la voluntad con la que dijo,
dijo Dios y así todo fue.

    Y Dijo Dios,
que separe la luz la tiniebla,
y que haga la luz de luz el día,
sepárense las aguas de las aguas,
y que sea la luz en la luz clara.

    Y dijo Dios,
sea la expansión de los cielos hecha,
y aparezca en ellas la zona seca.

    Y la zona seca la llamó tierra,

LIBRO QUINTO

25 y fue la tierra como Él lo dijo,
    y Dios lo dijo y así fue.

    Y dijo Dios,
    que crezca la hierba verde,
    y que haya pastos y prados verdes,
30 y que crezca fruto según su especie,
    y que florezca con mi simiente.

    Y creció en la tierra la hierba verde,
    y crecieron pastos y prados verdes,
    y crecieron frutos según su especie,
35 y florecieron según su simiente,
    y fue todo tal como Dios lo dijo,
    Dios lo dijo y así fue.

    Y dijo Dios,
    que haya lumbreras en el cielo,
40 la lumbrera grande, para iluminar el día,
    la pequeña, para iluminar la noche,
    y se llamen las lumbreras como Yo digo,
    se llame sol la lumbrera grande,
    y luna la pequeña se llame,
45 y así fue como Dios lo hizo.

    Y dijo Dios,
    que halla vida en el cielo viva,
    y halla aves de vida en el aire,
    que se llenen de vida las aguas,
50 que se llenen de vida los mares,

GENERACIÓN

y que crezcan y se reproduzcan,
con la vida del agua y el aire.

Y Dios lo dijo todo, y así fue.

Y dijo Dios,
55　produzca la tierra sus vivientes,
y halla animales según su especie,
que la tierra se llena de vivientes,
que crezcan y florezcan según su especie.

Y fue así como Dios lo quiso,
60　y así fue como se hizo,
y el Verbo tuvo por su modelo,
dijo sea y así fue.

Y así el Ser de todo lo que es,
dijo, hizo, puso nombre, y creó.

65　Y todo salió de su Verbo,
y nada fue sin su Ser hecho.

Así todo lo que es,
es nacido de su Ser.

II

Y dijo Dios,
70　Yo Soy el Padre todopoderoso,
creador del cielo y de la tierra,
de todo lo visible y lo invisible,

LIBRO QUINTO

de todo lo que existe y lo que no existe.

Del cosmos infinito,
75 del firmamento estrellado,
de todos los mundos posibles,
y los futuros universos.

Yo Soy el Hacedor del cosmos,
gobernador del firmamento,
80 Padre de todas las cosas,
Padre de toda la creación.

Yo Soy el que soy hasta el infinito,
Yo Soy el Ser de toda mi generación.

Yo Soy el fundamento y principio,
85 el orden de cuanto es,
Yo Soy el que siempre existió,
el que existe y existirá para siempre,
hasta toda la eternidad.

La luz del cielo, la noche oscura,
90 el aire y el agua, la tierra y el fuego,
lo denso, lo frío, lo oscuro, lo húmedo,
lo suelto, lo cálido, lo claro, lo seco;
la hierba verde, la duna parda,
los valles y prados, los ríos y lagos,
95 los grandes océanos, los mares internos,
los anchos continentes, las islas escondidas,
nada de la tierra, se escapa de mi vista.

GENERACIÓN

III

    Y dijo Dios,
sea el alma en la mujer hecha,
100   sea en el hombre el alma hecha,
sea en ellos mi ser puesto,
y sea en ellos mi Espíritu puesto.

    Sea en ellos mi presencia íntima,
que en el alma de su ser esté mi ser,
105   sea su vida íntima hecha,
con el aliento de mi ser.

    Y dijo Dios,
sea en ellos el alma,
y el alma en ellos existió,
110   sopló en ellos su aliento,
y de aliento el alma se llenó.

    Hizo Dios en la mujer su fundamento,
y así puso en el hombre su impronta,
hizo en el hombre su fundamento,
115   y en la mujer fijó su impronta.

    Y el Padre de todo lo creado,
los llamó hijos amados,
hijos suyos fueron hechos,
hijos suyos fueron creados.

LIBRO QUINTO

120   Por amor a lo creado,
de su Ser íntimo fueron hechos,
para amar y ser amados,
por amor a su generación.

IV

Y dijo Dios,
125   Yo Soy el que soy, el que es,
Yo Soy el que será para siempre,
Yo Soy el Ser siempre presente,
ese es mi nombre y así seré llamado,
en todas las generaciones.

130   Yo Soy el Ser de todo lo que existe,
y todo lo que es y lo que existe está en mi ser,
y todo lleva para siempre mi nombre,
Yo Soy el que es, Yahvé.

Y así habréis de llamarme,
135   y así habréis de conocerme,
me llamaréis el Ser, el que soy,
el que es, el Dios de la eternidad.

Todo lo que nace, vive y crece,
todo lo que existe y que perece,
140   viene de mi ser y me pertenece,
mi ser eterno y para siempre.

GENERACIÓN

Es alma infinita, estado puro,
conocimiento perfecto, sabiduría íntima.

145 Yo Soy la verdad de cuanto es,
pues todo lo que existe está en mi ser.

Y quien quiera conocer la verdad,
venga al Ser de lo que es,
que contemple al Hacedor de lo que es,
150 que contemple al creador de lo que es,
se acerque al Ser, al que es,
el Ser eterno hasta la eternidad.

Yo Soy por encima de todas las cosas,
de todos los astros y constelaciones,
155 de todos los mundos posibles,
y los futuros universos.

Mi reino es el gran infinito,
mi morada el firmamento eterno.

V

Y dijo Dios,
160 sea la vida, y la vida existió,
como Él quiso que existiera,
de su Ser íntimo la formó.

Y dijo Dios,
que sean los cielos y la tierra,
165 que sean con el ser de mi Ser,

LIBRO QUINTO

que sean la noche y el día,
que sean con el ser de mi Ser.

    Que sean las dos grandes lumbreras,
que sean con el ser de mi Ser,
170   que sea los meses y los años,
que sean con el ser de mi Ser.

    Que sea la vida en los campos,
en el aire y los océanos,
que crezca en los prados la hierba,
175   que se abran los árboles y extiendan,
que florezcan sus frutos y multipliquen,
que todo lo que viva y lo que existe,
crezca y fructifique,
con el Ser de mi vida íntima.

180   Quien contemple el firmamento estrellado,
sus orbes y sus astros,
la noche y su luna, la aurora y el ocaso,
quien vea el brillo de lo creado,
vea al Creador de cuanto es.

VI

185   Yo Soy quien todo lo hice,
como gozo de mi deleitación,
gocé haciendo a mi criatura,
para gozar de mi creación.

GENERACIÓN

    Y dijo Dios,
disfrutad de la obra y su Creador,
a su imagen y semejanza lo creó,
disfrutar del amor amado,
hijos sois del Hacedor.
a imagen y semblanza del Amor,
hizo el Amor a su amado.

    Creced y multiplicaos,
con el gozo del ser amado,
amad y ser amados,
amad la obra de lo creado.

    Creced, fructificad,
llenad la tierra de amor,
amad y amadlo todo,
como os amó el Hacedor.

    Así os amó el Hacedor,
por amor puro en vosotros,
con el gozo de la creación.

    Que crezca el amor en la tierra,
que crezca el amor y florezca,
que toda la tierra sepa,
el amor de tu existencia.

LIBRO QUINTO

VII

   Y dijo Dios,
Yo conozco la eternidad de los tiempos,
conozco el origen y sus comienzos,
el fin de la eternidad conozco,
215   conozco el ser de todos los tiempos.

   Yo conozco lo que es,
lo que fue y lo que será,
Yo conozco la historia,
hasta toda la eternidad.

220   Yo Soy la verdad suprema,
Yo Soy la verdad completa,
Yo Soy el ser de la vida,
Yo Soy la vida plena.

   Acercaos, contemplad,
225   la vida de vida llena,
amor que vive y crece,
amor que goza y llena.

   Disfrutad, recreaos,
del amor que Yo he dado.

230   Yo Soy el amor a la vida,
en vosotros mi amor está,
gozad, recreaos,
con el amor de mi eternidad.

Printed in Great Britain
by Amazon